¿Dónde está...?
Inglés

con ilustraciones de Sandra Schmidt

Langenscheidt

Berlín · Múnich · Viena · Zúrich
Londres · Madrid · Nueva York · Varsovia

Título de la edición original:
Langenscheidt Bildwörterbuch Englisch
Traducción y adaptación al español: Redacción Langenscheidt Ibérica
Ilustraciones: Sandra Schmidt
Color: Hans-Jürgen Feldhaus
Diseño de portada: init. büro für gestaltung, Bielefeld, con ilustración de Sandra Schmidt
Coordinación de proyecto: Bettina Melchers

© 2009 Langenscheidt KG, Berlin und München
© 2011 de la edición castellana para todo el mundo: Langenscheidt Ibérica S.L.
General Arrando, 14 bajo A
28010 Madrid

www.langenscheidt.es

Reservados todos los derechos

Primera edición

ISBN: 978-84-9929-500-8
Depósito legal: M-20207-2011

Impresión y encuadernación: Monterreina Comunicación, S.L.U.
Impreso en España

Queda prohibida la reproducción total o parcial de esta obra
sin previo permiso escrito del editor.

Índice

En la ciudad .... 4 In the town	**En el aeropuerto** .... 34 At the airport
En casa .... 6 At home	**En la granja** .... 36 On the farm
En la cocina .... 8 In the kitchen	**En el baño** .... 38 In the bathroom
La fiesta de cumpleaños .... 10 The birthday party	**En el restaurante** .... 40 At the restaurant
Transporte .... 12 Transport	**La noche** .... 42 Nighttime
En el parque infantil .... 14 At the playground	**El picnic** .... 44 The picnic
Pascua .... 16 Easter	**En el médico** .... 46 At the doctor's
En el zoo .... 18 At the zoo	**En la tienda de mascotas** .... 48 At the pet shop
En el acuario .... 20 At the aquarium	**En la tienda de juguetes** .... 50 At the toy shop
En el supermercado .... 22 At the supermarket	**Halloween** .... 52 Halloween
Cocinando .... 24 Cooking	**La construcción** .... 54 The building site
Verano .... 26 Summer	**En la guardería** .... 56 At kindergarten
Haciendo las maletas .... 28 Packing the suitcase	**Invierno** .... 58 Winter
En la playa .... 30 On the beach	**Glosario** 60
De vacaciones .... 32 On holiday	

the dog el perro

the cat el gato

the baker el panadero

the bakery la panadería

the path el camino

the window la ventana

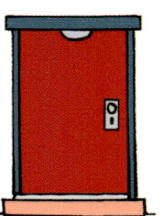
the door la puerta

the newsagent el estanco

the house la casa

the flat el piso

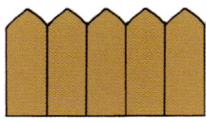
the fence la valla

the rubbish bin la papelera

the supermarket el supermercado

the woman
la mujer

the man
el hombre

the girl
la chica

the boy
el chico

the adult
el adulto

the baby
el bebé

the twins
las gemelas

the child
la niña

the town hall
el ayuntamiento

the taxi
el taxi

the wheelchair
la silla de ruedas

the roof
el tejado

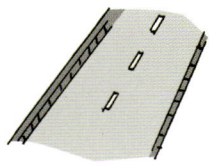
the street
la calle

5

the bathroom
el baño

the bedroom
la habitación

the guest room
la habitación de invitados

grandpa
el abuelo

grandma
la abuela

the garage
el garaje

the kitchen
la cocina

the toilet
el aseo

the dining room
el comedor

the living room
el salón

the table
la mesa

the hall
el recibidor

the attic
el desván

the family
la familia

the sister
la hermana

the brother
el hermano

mum
la mamá

dad
el papá

the parents
los padres

the aunt
la tía

the uncle
el tío

the cousin
el primo

the office
la oficina

the basement
el sótano

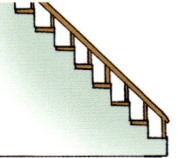
the stairs
la escalera

the cousin
la prima

7

the yoghurt el yogur

the jam la mermelada

the bread el pan

the orange la naranja

taste saber

the juice el zumo

cut cortar

the tea el té

the clock el reloj

the toaster la tostadora

the butter la mantequilla

the spoon la cuchara

the cup la taza

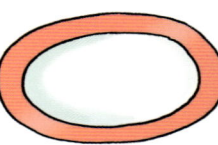
the plate el plato

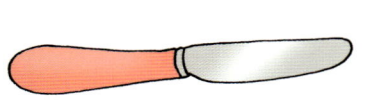
the knife
el cuchillo

the honey
la miel

the glass
el vaso

the scrambled eggs
los huevos revueltos

the bacon
el bacón

the coffee
el café

the fork
el tenedor

the cereal
los cereales

call
llamar

the milk
la leche

the cheese
el queso

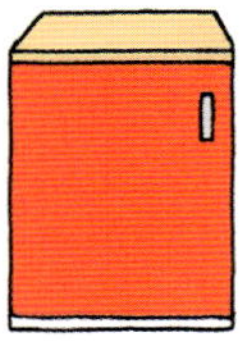

the cupboard
el armario

the dining table
la mesa

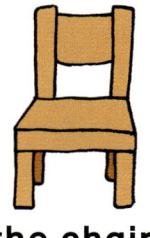
the chair
la silla

sing
cantar

the glove puppet
la marioneta

the dice
los dados

the cake
la tarta

the teddy
el osito

the celebration
la fiesta

open
abrir

the present
el regalo

the friend
el amigo

the friend
la amiga

the birthday child
la cumpleañera

the bow
el lazo

a lot of
mucho

a few
poco

10

get
recibir

give
dar

the candle
la vela

the spaceship
la nave espacial

the puzzle
el *puzzle*

the lollipop
la piruleta

the poster
el póster

celebrate
celebrar

the ceiling
el techo

the wall
la pared

the card game
la baraja

the board game
el juego

the counters
las fichas

the floor
el suelo

11

the station
la estación

the road sign
la señal de tráfico

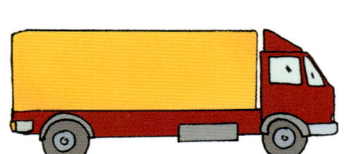
the truck
el camión

the traffic lights
el semáforo

the bike
la bici

the butcher's
la carnicería

the school
el colegio

the bus
el autobús

the carriage
el vagón

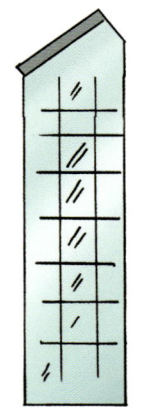
the block of flats
el edificio

the underground station
la parada de metro

the underground train
el metro

the hairdresser
la peluquera

12

the greengrocer's
la verdulería

the bus stop
la parada de autobús

the car
el coche

the scooter
la escúter

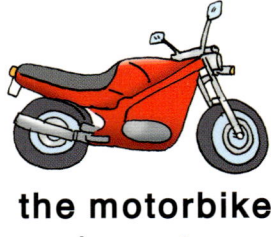
the motorbike
la moto

the tracks
las vías

the chimney
la chimenea

drive
conducir

the pavement
la acera

the hairdresser's
la peluquería

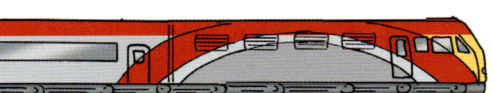
the train
el tren

the post office
la oficina de Correos

the butcher
el carnicero

13

skip
saltar la comba

the grass
la hierba

the slide
el tobogán

catch
coger

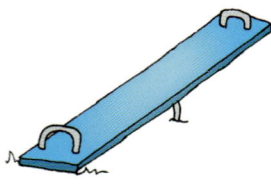

the see-saw
el balancín

the squirrel
la ardilla

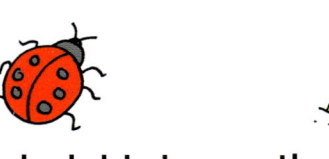

the ladybird
la mariquita

the spade
la pala

the bucket
el cubo

the climbing frame
la casita elevada

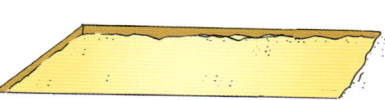

the sandpit
el cajón de arena

jump
saltar

the snail
el caracol

the tennis player
el jugador de tenis

 **the flower** la flor

 **smell** oler

 **the butterfly** la mariposa

 **high** alto / **low** bajo

 **the sky** el cielo

 **swing** columpiarse

 **the swing** el columpio

 **fall** caerse

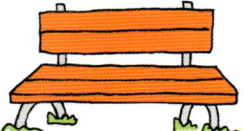 **the bench** el banco

 **the mushroom** la seta

 **tennis** el tenis

 **play** jugar

 **the tree** el árbol

15

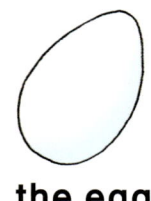 **the egg** el huevo

 **the Easter bunny** el conejito de Pascua

 **give** dar

 **the bush** el arbusto

 **colourful** de colores

 **blue** azul

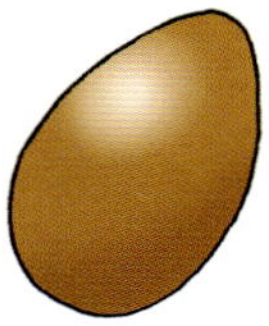

brown marrón

 **the Easter egg** el huevo de Pascua

 **yellow** amarillo

 **green** verde

 **Easter** Pascua

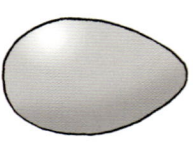 **grey** gris

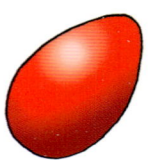 **red** rojo

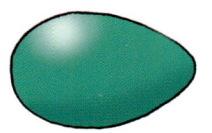
turquoise
turquesa

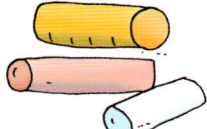
the chalk
la tiza

purple
morado

look for
buscar

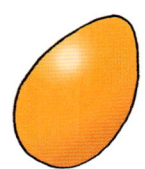
orange
naranja

the colours
los colores

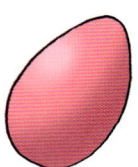
pink
rosa

black
negro

show
señalar

the bunny
el conejo

the spring
la primavera

white
blanco

17

the koala
el koala

the zebra
la cebra

the zoo keeper
el cuidador de animales

the camel
el camello

the elephant
el elefante

the ostrich
el avestruz

the snake
la serpiente

the chimpanzee
el chimpancé

the penguin
el pingüino

the rhino
el rinoceronte

the horn
el cuerno

the crocodile
el cocodrilo

the entrance
la entrada

the exit
la salida

 **the polar bear** el oso polar

 **the monkey** el mono

 **the waterfall** la cascada

 **the chameleon** el camaleón

 **the hippo** el hipopótamo

 **the kangaroo** el canguro

 **the lion** el león

 **fly** volar

 **the giraffe** la jirafa

 **the tiger** el tigre

 **the zoo keeper** la cuidadora de animales

 **the bear** el oso

 **the leopard** el leopardo

 **the gorilla** el gorila

the octopus
el pulpo

the sea urchin
el erizo

big
grande

small
pequeño

the shark
el tiburón

the starfish
la estrella de mar

the lobster
la langosta

the seaweed
el alga

the jellyfish
la medusa

the sea horse
el caballito de mar

the crab
el cangrejo

the whale
la ballena

short
corto

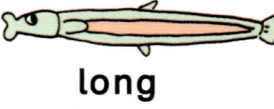
long
largo

 **the swordfish** el pez espada

 **the eel** la anguila

 **the walrus** la morsa

 **the seal** la foca

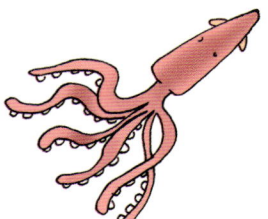 **the squid** el calamar

 **the teacher** la maestra

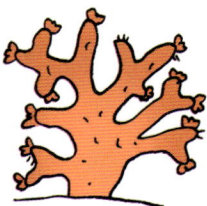 **the coral** el coral

 **the stingray** la raya

 **the shoal** el banco

 **the turtle** la tortuga

 **the pearl** la perla

 **the fish** el pez

 **the pepper** el pimiento

 **the chocolate** el chocolate

 **the courgette** el calabacín

 **the fruit** la fruta

 **the tin** la lata

 **the chicken** el pollo

 **the lettuce** la lechuga

 **the crisps** las patatas fritas

 **the cherry** la cereza

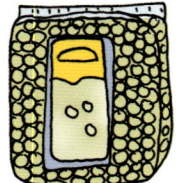 **the lentils** las lentejas

 **the melon** el melón

 **the watermelon** la sandía

 **the aubergine** la berenjena

the cauliflower
la coliflor

the potato
la patata

the vegetables
la verdura

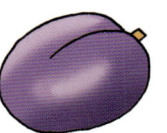
the plum
la ciruela

the till
la caja

the cream
la nata

the broccoli
el brécol

the tomato
el tomate

the pasta
la pasta

the green peas
los guisantes

the peach
el melocotón

the shopping trolley
el carrito

the garlic
el ajo

the rice
el arroz

23

the pot
la olla

the carrot
la zanahoria

the onion
la cebolla

the pineapple
la piña

the bowl
la ensaladera

the oven
el horno

cry
llorar

the banana
el plátano

drop
dejar caer

broken
roto

the microwave
el microondas

the fruit salad
la macedonia

the pan
la sartén

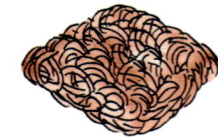
the minced meat
la carne picada

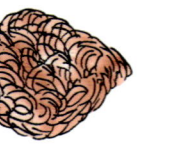
burn
quemar

 **the lemon** el limón

 **the strawberry** la fresa

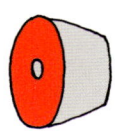 **warm** caliente

 **the water** el agua

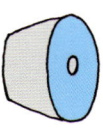 **cold** fría

 **the tomato** el tomate

 **the apron** el delantal

 **the grape** la uva

 **hot** caliente

 **cook** cocinar

 **the fridge** la nevera

 **wash up** fregar

 **the mashed potatoes** el puré de patatas

 **the hob** la cocina

eat
comer

the hose
la manguera

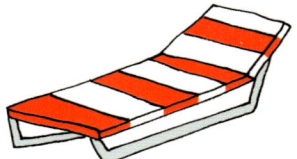

the sun lounger
la tumbona

the garden
el jardín

the sweetcorn
el maíz

the barbecue
la barbacoa

the ketchup
el *ketchup*

drink
beber

the skateboard
el monopatín

the sun
el sol

throw
tirar

the goal
el gol

the in-line skates
los patines

the plastic cup
el vaso

the hedgehog
el erizo

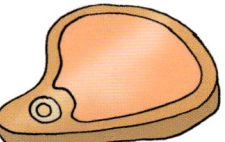
the meat
la carne

the sausage
la salchicha

barbecue
hacer una barbacoa

the bottle
la botella

football
el fútbol

the ladder
la escalera

the mustard
la mostaza

the swimming pool
la piscina

the ball
la pelota

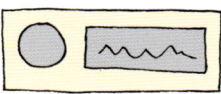
the bell
el timbre

the pushchair
el carrito

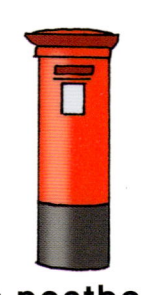
the postbox
el buzón de Correos

the postman
el cartero

the postcard
la postal

the letter
la carta

the dress
el vestido

the jeans
los vaqueros

the shorts
los pantalones cortos

the tracksuit
el chandal

the nightie
el camisón

the socks
los calcetines

the slippers
las pantuflas

the sandals
las sandalias

the boots
las botas

the glasses
las gafas

the handbag
el bolso

the belt
el cinturón

the skirt
la falda

the raincoat
el chubasquero

the pyjamas
el pijama

the t-shirt
la camiseta

the trousers
los pantalones

the pullover
el jersey

the trainers
las zapatillas deportivas

the rucksack
la mochila

the suitcase
la maleta

the shoes
los zapatos

the underpants
las braguitas

29

dive
bucear

the sailing boat
el velero

the bikini
el biquini

the shell
la concha

the frisbee®
el frisbee®

the sand
la arena

the lighthouse
el faro

the wave
la ola

the island
la isla

the swimming trunks
el bañador

the flip-flops
las chanclas

swim
nadar

the ice cream
el helado

the surfboard
la tabla de surf

the suntan cream
la crema solar

 **the sandcastle** el castillo de arena

 **read** leer

 **the boat** el barco

 **the dolphin** el delfín

 **the sea** el mar

 **the flag** la bandera

 **surf** hacer surf

 **the ice-cream van** el puesto de helados

 **the lifeguard** el socorrista

 **the swimming costume** el bañador

 **the hotel** el hotel

 **the sunglasses** las gafas de sol

 **the beach** la playa

 **the ship** el barco

 **cricket** el críquet

the palm tree
la palmera

the bridge
el puente

the waiter
el camarero

the waitress
la camarera

the restaurant
el restaurante

the fountain
la fuente

the cinema
el cine

the bank
el banco

fast
rápido

slow
lento

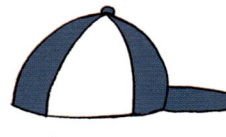

the cap
la gorra

empty
vacío

full
lleno

the summer
el verano

 **the café** la cafetería

 **the hill** la colina

 **the mountain** la montaña

 **the river** el río

 **the artist** la artista

 **the church** la iglesia

 **the bar** el bar

 **the statue** la estatua

 **walk** andar

 **the camera** la cámara

 **take photographs** sacar fotos

 **the cash point** el cajero

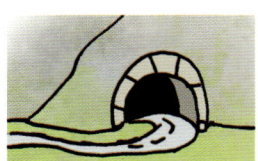 **the tunnel** el túnel

33

listen to
escuchar

the plane
el avión

the helicopter
el helicóptero

the flight attendant
la azafata de vuelo

the computer
el ordenador

the MP3 player
el reproductor de MP3

the pilot
el piloto

the police officer
la policía

the mechanic
el mecánico

the driver
el conductor

the keyboard
el teclado

the photo
la foto

the headphones
los cascos

smile
sonreír

laugh
reír

ask
preguntar

answer
responder

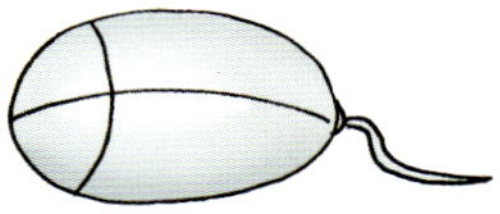

the mouse
el ratón

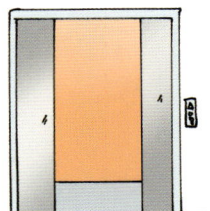
the lift
el ascensor

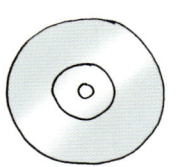
the CD
el CD

hug
abrazar

kiss
besar

sad
triste

happy
feliz

the bunch of flowers
el ramo de flores

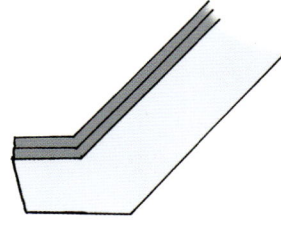
the escalator
la escalera mecánica

the goat
la cabra

the tractor
el tractor

the duck
el pato

the pig
el cerdo

the mouse
el ratón

the horse
el caballo

the foal
el potro

the cock
el gallo

the hen
la gallina

the chick
el polluelo

the turkey
el pavo

the goose
el ganso

the frog
el sapo

the farmer la granjera	**the farmer** el granjero	**the lamb** el cordero	**the sheep** la oveja	

ride montar a caballo

the cow la vaca

the calf el ternero

the bull el toro

the barn el granero

the bee la abeja

the stable el establo

the stone la piedra

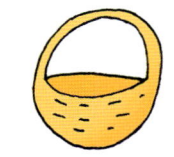

the basket el cesto

the fly la mosca

37

the hairdryer	el secador de pelo
the towel	la toalla
have a bath	bañarse
the shampoo	el champú
the sponge	la esponja
the earrings	los pendientes
the shower	la ducha
the mirror	el espejo
the shower gel	el gel de ducha
the tap	el grifo
the sink	el lavabo
the bath mat	la alfombra de baño
the toilet paper	el papel higiénico
the perfume	el perfume

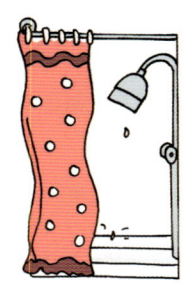

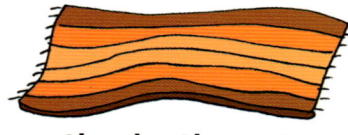

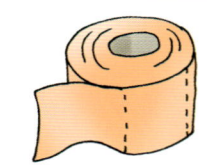

the comb el peine

the soap el jabón

the ponytail la coleta

the bathtub la bañera

the brush el cepillo

the plait la trenza

shave afeitarse

the bracelet la pulsera

have a shower ducharse

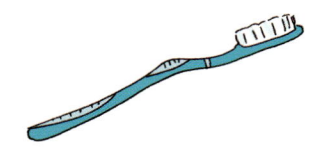

the toothbrush el cepillo de dientes

the toothpaste la pasta de dientes

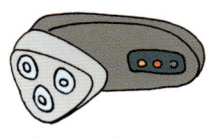

the shaver la maquinilla de afeitar

the foam la espuma

39

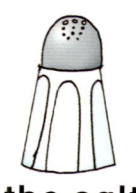

the salt la sal	 **the dessert** el postre	 **the pepper** la pimienta	 **speak** hablar	**the menu** la carta

the cook la cocinera

the cook el cocinero

the tie la corbata

the coat el abrigo

the boots las botas	 **see** ver	 **the ring** el anillo	 **the pizza** la pizza	 **the salad** la ensalada

the chips
las patatas fritas

the necklace
el collar

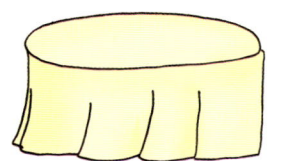

the tablecloth
el mantel

the soup
la sopa

the suit
el traje

the blouse
la blusa

the shirt
la camisa

the spaghetti
los espaguetis

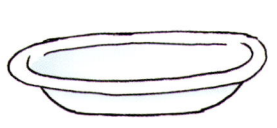

the soup bowl
el plato hondo

the piano player
el pianista

the piano
el piano

the scarf
el pañuelo

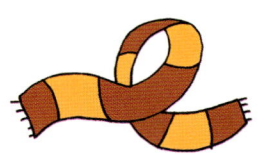

the scarf
la bufanda

41

the moon la luna	**the bat** el murciélago	**the star** la estrella	**the radiator** la calefacción	**the remote control** el mando a distancia

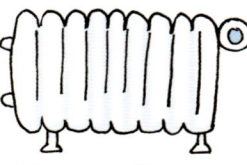

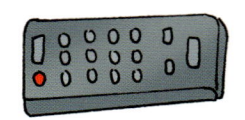

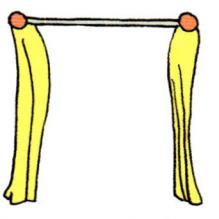

the curtain la cortina

the telephone el teléfono

sleep dormir

the coat stand el perchero

the shadow la sombra

be scared tener miedo

the lamp la lámpara

the DVD player el reproductor de DVD

the alarm clock el despertador

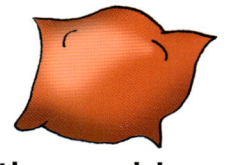

the cushion
el cojín

the rug
la alfombra

the armchair
el sillón

the sofa
el sofá

the owl
el búho

the vase
el jarrón

the bed
la cama

the bedside table
la mesita de noche

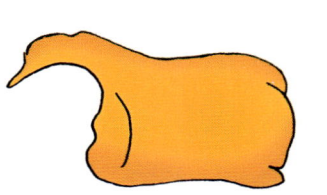

the quilt
la manta

the pillow
la almohada

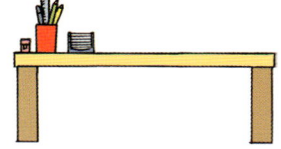

the desk
la mesa

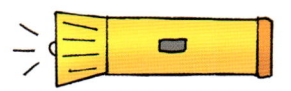

the torch
la linterna

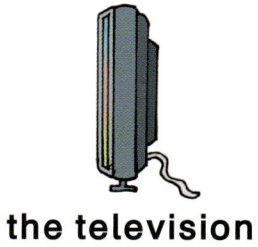

the television
la tele

43

the fox el zorro	**the nut** la nuez	**the wall** el muro	**the toy car** el correpasillos	**the guitar** la guitarra

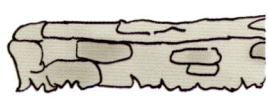

the kite la cometa

the lemonade la limonada

sneeze estornudar

the baketball el balón de baloncesto

the cartwheel la rueda

the earth la tierra

the somersault la voltereta

the wind el viento

the cloud la nube

44

the biscuit la galleta	**the cake** el pastel	**the wasp** la avispa	**the sandwich** el sándwich		**the lizard** la lagartija

the apple la manzana

the pear la pera

the pigeon la paloma

the ant la hormiga

the meadow el prado

the nest el nido

the bird el pájaro

the worm la lombriz

the pond el estanque

the caravan la caravana

the finger
el dedo

the head
la cabeza

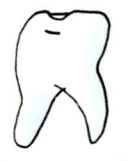

the tooth
el diente

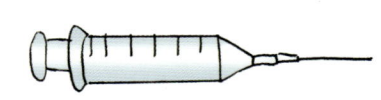

the syringe
la jeringuilla

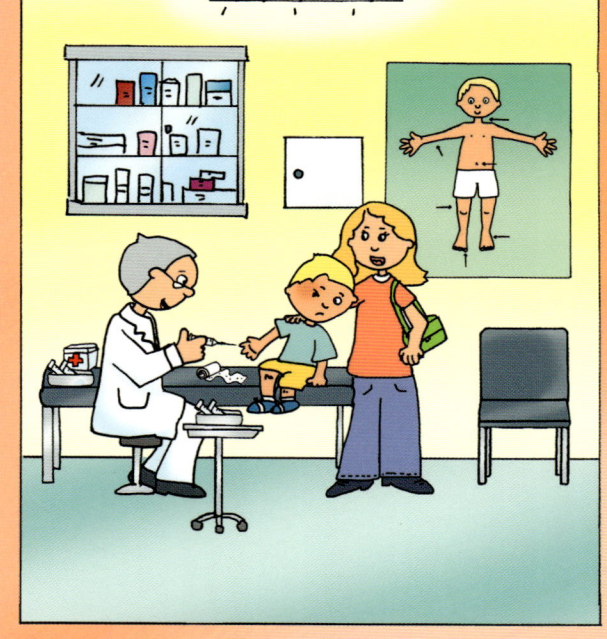

the doctor
la doctora

the arm
el brazo

the plaster cast
la escayola

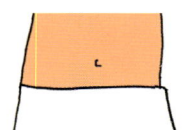

the tummy
la tripa

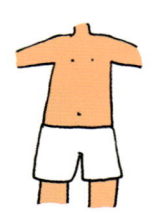

the body
el cuerpo

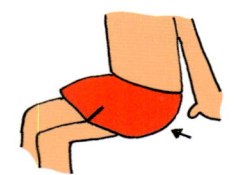

the bottom
el trasero

healthy
sano

ill
enferma

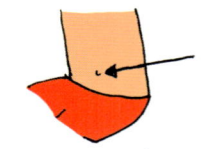

the tummy button
el ombligo

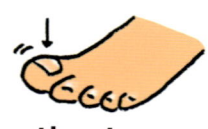

the toe
el dedo del pie

the thumb el dedo gordo	**the shoulder** el hombro	**cough** toser	**the foot** el pie	**the leg** la pierna

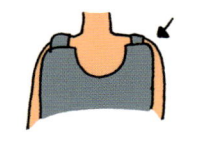

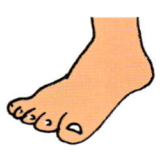

x-ray hacer una radiografía

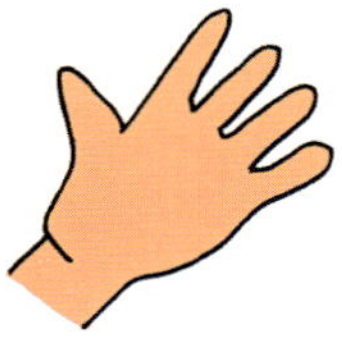

the hand la mano

the dentist el dentista

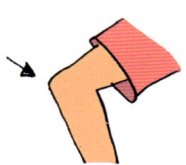

the knee la rodilla

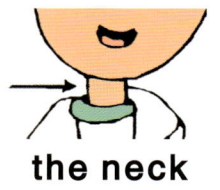

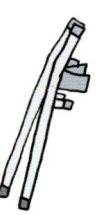

the crutches las muletas

the neck el cuello	**the bandage** el vendaje	**the chest** el pecho	**the back** la espalda	

47

the eagle
el águila

the guinea pig
el conejillo de Indias

the aquarium
el acuario

the shop assistant
la dependienta

the cage
la jaula

the feather
la pluma

the peacock
el pavo real

clean
limpiar

the gerbil
el gerbo

the fur
el pelo

the paw
la pata

bark
ladrar

the shop assistant
el dependiente

take
coger

the hamster wheel
la rueda de hámster

the hamster
el hámster

the goldfish
el carpín dorado

the parrot
el loro

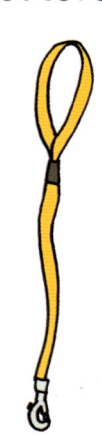

the lead
la correa

the tail
la cola

the puppy
el cachorro

the food bowl
la fuente

the pet food
el pienso

miaow
maullar

49

the puppet
el títere

the sweet
el caramelo

the bag
la bolsa

the dvd
el DVD

buy
comprar

the toys
los juguetes

the doll
la muñeca

the shop window
el escaparate

the purse
el monedero

the recorder
la flauta dulce

the toy car
el cochecito

the building blocks
los bloques de construcción

the bookshop	la librería
the computer game	el videojuego
the doll's house	la casa de muñecas
the coin	la moneda
the banknote	el billete
the money	el dinero
the price	el precio
the soft toy	el peluche
the drum	el tambor
the chewing gum	el chicle
the book	el libro
the comic	el tebeo
the shop	la tienda

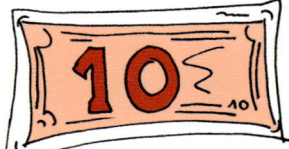

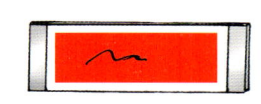

the pirate
el pirata

the astronaut
la astronauta

the cowboy
el vaquero

the knight
el caballero

the indian
la india

the witch
la bruja

the viking
la vikinga

dance
bailar

the monster
el monstruo

the shelf
la estantería

good
bueno

bad
malo

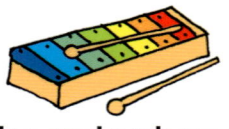

the xylophone
el xilófono

the pumkin
la calabaza

52

the clown
el payaso

the mermaid
la sirena

the hero
el héroe

the queen
la reina

the king
el rey

the princess
la princesa

the fairy
el hada

clap
aplaudir

the balloon
el globo

beautiful
bonito

ugly
feo

the magician
el mago

53

the digger
la escavadora

the workman
el obrero

the umbrella
el paraguas

the spider's web
la telaraña

the spider
la araña

the storm
la tormenta

the root
la raíz

the broom
la escoba

the branch
la rama

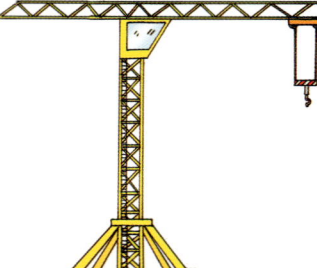

the crane
la grúa

the wheelbarrow
la carretilla

the watch
el reloj

the bricklayer
el albañil

the moustache
el bigote

the beard
la barba

the fork-lift truck
el toro mecánico

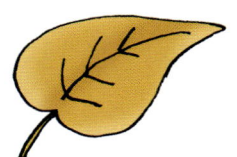

the leaf
la hoja

the concrete-mixer
la hormigonera

the lightning
el rayo

the rain
la lluvia

the autumn
el otoño

the hat
el sombrero

the fireman
el bombero

the fire engine
el coche de bomberos

the police car
el coche de policía

the ambulance
la ambulancia

the rubbish truck
el camión de la basura

55

the rubber
la goma

the scissors
las tijeras

the pencil-sharpener
el sacapuntas

paint
pintar

the rainbow
el arcoíris

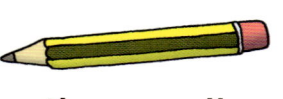

the pencil
el lápiz

the paper
el papel

the paintbrush
la brocha

the folder
la carpeta

the exercise book
el cuaderno

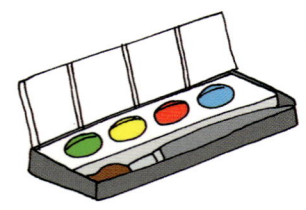

the paints
las acuarelas

the ruler
la regla

the mouth
la boca

the tongue
la lengua

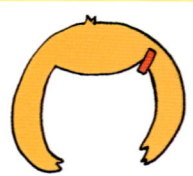

the hair
el pelo

56

the pencil case
el estuche

the picture frame
el marco

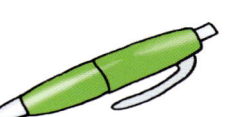

the pen
el boli

the picture
la imagen

the coloured pencil
el lápiz de color

write
escribir

the globe
el globo

the cheek
la mejilla

the eye
el ojo

the ear
la oreja

the nose
la nariz

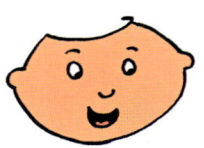

the face
la cara

the forehead
la frente

the cap el gorro	**the snowman** el muñeco de nieve	**loud** alto	**quiet** bajo	**the snow** la nieve

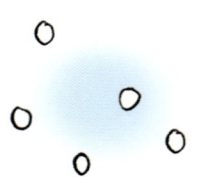

the winter el invierno

the holly el acebo

the ice el hielo

the snowball la bola de nieve

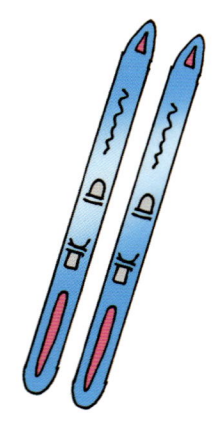

the skis los esquís

run correr

the Christmas pudding pudín de Navidad

the sledge el trineo

the radio
la radio

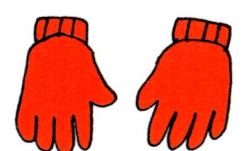

the gloves
los guantes

the sugar
el azúcar

the flour
la harina

ice-skating
patinar sobre hielo

the stocking
la media

bake a cake
hacer un pastel

the mobile phone
el móvil

the Christmas tree
el árbol de Navidad

Father Christmas
Papá Noel

the reindeer
el reno

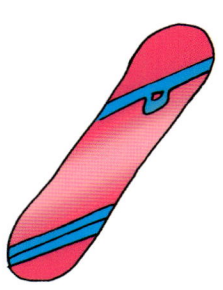

the snowboard
la tabla de nieve

59

Glosario

A

la abeja the bee [biː] 37
abrazar hug [hʌg] 35
el abrigo the coat [kəʊt] 40
abrir open ['əʊpən] 10
la abuela grandma ['grænmɑː] 6
el abuelo grandpa ['grænpɑː] 6
el acebo the holly ['hɒlɪ] 58
la acera the pavement ['peɪvmənt] 13
las acuarelas the paints [peɪnts] 56
el acuario the aquarium [ə'kweərɪəm] 48
el adulto the adult ['ædʌlt] 5
afeitarse shave [ʃeɪv] 39
el agua the water ['wɔːtə] 25
el águila the eagle ['iːgl] 48
el ajo the garlic ['gɑːlɪk] 23
el albañil the bricklayer ['brɪk,leɪə] 54
la alfombra the carpet ['kɑːpɪt] 43
la alfombra de baño the bath mat ['bɑːθ mæt] 38
el alga the seaweed [siːwiːd] 20
la almohada the pillow ['pɪləʊ] 43
alto high [haɪ] 15
alto loud [laʊd] 58
amarillo yellow ['jeləʊ] 16
la ambulancia the ambulance ['æmbjələns] 55
la amiga the friend [frend] 10
el amigo the friend [frend] 10
andar walk [wɔːk] 33
la anguila the eel [iːl] 21
el anillo the ring [rɪŋ] 40
aplaudir clap [klæp] 53
la araña the spider ['spaɪdə] 54
el árbol the tree [triː] 15
el árbol de Navidad the Christmas tree ['krɪsməs ,triː] 59
el arbusto the bush [bʊʃ] 16
el arcoíris the rainbow ['reɪnbəʊ] 56
la ardilla the squirrel ['skwɪrəl] 14
la arena the sand [sænd] 30
el armario the cupboard ['kʌbəd] 9
el arroz the rice [raɪs] 23
la artista the artist ['ɑːtɪst] 33
asar bake [beɪk] 59
el ascensor the lift [lɪft] 35
el aseo the toilet ['tɔɪlət] 6
la astronauta the astronaut ['æstrənɔːt] 52
el autobús the bus [bʌs] 12
el avestruz the ostrich ['ɒstrɪtʃ] 18
el avión the plane [pleɪn] 34
la avispa the wasp [wɒsp] 45
el ayuntamiento the town hall [,taʊn 'hɔːl] 5
la azafata de vuelo the flight attendant ['flaɪt ə,tendənt] 34
el azúcar the sugar ['ʃʊgə] 59
azul blue [bluː] 16

B

el bacón the bacon ['beɪkən] 9
bailar dance [dɑːns] 52
bajo low [ləʊ] 15
bajo quiet ['kwaɪət] 58
el balancín the seesaw ['siːsɔː] 14
la ballena the whale [weɪl] 20
el balón de baloncesto the basketball ['bɑːskɪtbɔːl] 44
el banco the bench [bentʃ] 15
el banco the bank [bæŋk] 32
el banco (de peces) the shoal [ʃəʊl] 21
la bandera the flag [flæg] 31
el bañador (de chica) the swimming costume ['swɪmɪŋ ,kɒstjuːm] 31
el bañador (de chico) the swimming trunks ['swɪmɪŋ ,trʌŋks] 30
bañarse have a bath [,hæv ə 'bɑːθ] 38
la bañera the bathtub ['bɑːθtʌb] 39
el baño the bathroom ['bɑːθruːm] 6
el bar the bar [bɑː] 33
la baraja the card game ['kɑːd geɪm] 11
la barba the beard [bɪəd] 54
la barbacoa the barbecue ['bɑːbɪkjuː] 26
el barco the boat [bəʊt] 31
el barco (grande) the ship [ʃɪp] 31
el bebé the baby ['beɪbɪ] 5
beber drink [drɪŋk] 26
la berenjena the aubergine ['əʊbəʒiːn] 22
besar kiss [kɪs] 35
la bici the bike [baɪk] 12
el bigote the moustache [mə'stɑːʃ] 54
el billete the banknote ['bæŋknəʊt] 51
el biquini the bikini [bɪ'kiːnɪ] 30
blanco white [waɪt] 17
los bloques de construcción the building blocks ['bɪldɪŋ ,blɒks] 50
la blusa the blouse [blaʊs] 41
la boca the mouth [maʊθ] 56
la bola de nieve the snowball ['snəʊbɔːl] 58
el bolígrafo the pen [pen] 57
la bolsa the bag [bæg] 50
el bolso the handbag ['hændbæg] 29
el bombero the fireman ['faɪəmən] 55
bonito beautiful ['bjuːtəfl] 53
las botas the boots [buːts] 28, 40
la botella the bottle ['bɒtl] 27
las braguitas the underpants ['ʌndəpænts] 29
el brazo the arm [ɑːm] 46
el brécol the broccoli ['brɒkəlɪ] 23
la brocha the paintbrush ['peɪntbrʌʃ] 56
la bruja the witch [wɪtʃ] 52
bucear dive [daɪv] 30
bueno good [gʊd] 52
la bufanda the scarf [skɑːf] 41
el búho the owl [aʊl] 43
buscar look for ['lʊk fɔː] 17
el buzón de Correos the postbox ['pəʊstbɒks] 28

C

el caballero the knight [naɪt] 52
el caballito de mar the sea horse [siː hɔːs] 20
el caballo the horse [hɔːs] 36
la cabeza the head [hed] 46
la cabra the goat [gəʊt] 36
el cachorro the puppy ['pʌpɪ] 49
caer(se) fall [fɔːl] 15
el café the coffee ['kɒfɪ] 9
la cafetería the café ['kæfeɪ] 33
la caja the till [tɪl] 23
el cajero automático the cash point [kæʃpɔɪnt] 33
el cajón de arena the sandpit ['sændpɪt] 14
el calabacín the courgette [,kɔː'ʒet] 22
la calabaza the pumpkin [pʌmkɪn] 52
el calamar the squid [skwɪd] 21
los calcetines the socks [sɒks] 28
la calefacción the radiator ['reɪdɪeɪtə] 42
caliente hot [hɒt] 25
caliente warm [wɔːm] 25
la calle the street [striːt] 5
la cama the bed [bed] 43
el camaleón the chameleon [kə'miːlɪən] 19
la cámara the camera ['kæmərə] 33
la camarera the waitress ['weɪtrəs] 32
el camarero the waiter ['weɪtə] 32
el camello the camel ['kæml] 18
el camino the path [pɑːθ] 4
camión the truck [trʌk] 12
el camión de la basura the rubbish truck ['rʌbɪʃ ,trʌk] 55

60

la camisa the shirt [ʃɜːt] 41
la camiseta the T-shirt ['tiːʃɜːt] 29
el camisón the nightie ['naɪtɪ] 28
el cangrejo the crab [kræb] 20
el canguro the kangaroo [ˌkæŋɡəˈruː] 19
cantar sing [sɪŋ] 10
la cara the face [feɪs] 57
el caracol the snail [sneɪl] 14
el caramelo the sweet [swiːt] 50
la caravana the caravan ['kærəvæn] 45
la carne the meat [miːt] 27
la carne picada the minced meat [ˌmɪnst 'miːt] 24
la carnicería the butcher's ['bʊtʃəz] 12
el carnicero the butcher ['bʊtʃə] 13
la carpeta the folder ['fəʊldə] 56
el carpín dorado the goldfish ['ɡəʊldfɪʃ] 49
la carretilla the wheelbarrow ['wiːlˌbærəʊ] 54
el carrito (de bebé) the pushchair ['pʊʃtʃeə] 27
el carro (de la compra) the shopping trolley ['ʃɒpɪŋ ˌtrɒlɪ] 23
la carta the letter ['letə] 28
la carta the menu ['menjuː] 40
el cartero the postman ['pəʊstmən] 29
la casa the house [haʊs] 4
la casa de muñecas the doll's house ['dɒlz haʊs] 51
la cascada the waterfall ['wɔːtəfɔːl] 19
los cascos the headphones ['hedfəʊnz] 35
la casilla elevada the climbing frame ['klaɪmɪŋ ˌfreɪm] 14
el castillo de arena the sandcastle ['sændˌkɑːsl] 31
el CD the CD [ˌsiːˈdiː] 35
la cebolla the onion ['ʌnjən] 24
la cebra the zebra ['zebrə] 18
celebrar celebrate ['seləbreɪt] 11
el cepillo the brush [brʌʃ] 39
el cepillo de dientes the toothbrush ['tuːθbrʌʃ] 39
el cerdo the pig [pɪɡ] 36
los cereales the cereal ['sɪərɪəl] 9
la cereza the cherry ['tʃerɪ] 22
el cesto the basket ['bɑːskɪt] 37
el champú the shampoo [ʃæm'puː] 39
las chanclas the flip-flops ['flɪpflɒps] 31
el chandal the tracksuit ['træksuːt] 28
la chica the girl [ɡɜːl] 5
el chicle the chewing gum ['tʃuːɪŋ ˌɡʌm] 51
el chico the boy [bɔɪ] 5
la chimenea the chimney ['tʃɪmnɪ] 13
el chimpancé the chimpanzee [ˌtʃɪmpænˈziː] 18
el chocolate the chocolate ['tʃɒklɪt] 22
el chubasquero the raincoat ['reɪnkəʊt] 29
el cielo the sky [skaɪ] 15
el cine the cinema ['sɪnəmə] 32
el cinturón the belt [belt] 29
la ciruela the plum [plʌm] 23
el coche the car [kɑː] 13
el coche de bomberos the fire engine ['faɪə ˌendʒɪn] 55
el coche de policía the police car [pəˈliːs kɑː] 55
el cochecito the toy car ['tɔɪ kɑː] 50

la cocina the kitchen ['kɪtʃən] 6
la cocina the hob [hɒb] 25
cocinar cook [kʊk] 25
la cocinera the cook [kʊk] 40
el cocinero the cook [kʊk] 40
el cocodrilo the crocodile ['krɒkədaɪl] 18
coger catch [kætʃ] 14
el cojín the cushion ['kʊʃn] 43
la cola the tail [teɪl] 49
el colegio the school [skuːl] 12
la coleta the ponytail ['pəʊnɪteɪl] 39
la coliflor the cauliflower ['kɒlɪˌflaʊə] 23
la colina the hill [hɪl] 33
el collar the necklace ['nekləs] 41
los colores the colours ['kʌləz] 17
columpiarse swing [swɪŋ] 15
el columpio the swing [swɪŋ] 15
el comedor the dining room ['daɪnɪŋ ˌruːm] 6
comer eat [iːt] 26
la cometa the kite [kaɪt] 44
comprar buy [baɪ] 50
la concha the shell [ʃel] 30
conducir drive [draɪv] 13
el conductor the driver ['draɪvə] 34
el conejillo de Indias the guinea pig ['ɡɪnɪ ˌpɪɡ] 48
el conejo the bunny ['bʌnɪ] 17
el conejo de Pascua the Easter Bunny ['iːstə ˌbʌnɪ] 16
el coral the coral ['kɒrəl] 21
la corbata the tie [taɪ] 40
el cordero the lamb [læm] 37
la correa the lead [liːd] 49
el correpasillos the toy car ['tɔɪ kɑː] 44
correr run [rʌn] 58
cortar cut [kʌt] 8
la cortina the curtain ['kɜːtn] 42
corto short [ʃɔːt] 20
la crema protectora the suntan cream ['sʌntæn kriːm] 30
el críquet cricket ['krɪkɪt] 31
el cuaderno the exercise book ['eksəsaɪz ˌbʊk] 56
el cubo the bucket ['bʌkɪt] 14
la cuchara the spoon [spuːn] 8
el cuchillo the knife [naɪf] 9 el cuello the neck [nek] 47
el cuerno the horn [hɔːn] 18
el cuerpo the body ['bɒdɪ] 46
el cuidador de animales the zoo keeper ['zuː ˌkiːpə] 18
la cuidadora de animales the zoo keeper ['zuː ˌkiːpə] 19
la cumpleañera the birthday child ['bɜːθdeɪ ˌtʃaɪld] 10

D

los dados the dice [daɪs] 10
dar give [ɡɪv] 16
de colores colourful ['kʌləful] 16
el dedo the finger ['fɪŋɡə] 46
el dedo del pie the toe [təʊ] 46
el dedo gordo the thumb [θʌm] 47
dejar caer drop [drɒp] 24

el delantal the apron ['eɪprən] 25
el delfín the dolphin ['dɒlfɪn] 31
el dentista the dentist ['dentɪst] 47
la depedienta the shop assistant ['ʃɒp əˌsɪstənt] 48
el dependriedo the shop assistant ['ʃɒp əˌsɪstənt] 49
el despertador the alarm clock [əˈlɑːm klɒk] 42
el desván the attic ['ætɪk] 6
el diente the tooth [tuːθ] 46
el dinero the money ['mʌnɪ] 51
la doctora the doctor ['dɒktə] 46
dormir sleep [sliːp] 42
el dormitorio the bedroom ['bedruːm] 6
la ducha the shower ['ʃaʊə] 38
ducharse have a shower [ˌhæv ə ˈʃaʊə] 39
el DVD the DVD [ˌdiːviːˈdiː] 50

E

el edificio the block of flats [ˌblɒk əv 'flæts] 12
el elefante the elephant ['elɪfənt] 18
enferma ill [ɪl] 46
la ensalada the salad ['sæləd] 40
la ensaladera the bowl [bəʊl] 24
la entrada the entrance ['entrəns] 18
el erizo the hedgehog ['hedʒhɒɡ] 27
el erizo de mar the sea urchin [siː ˌɜːtʃɪn] 20
la escalera (de mano) the ladder ['lædə] 27
la escalera mecánica the escalator ['eskəleɪtə] 35
las escaleras the stairs [steəz] 7
el escaparate the shop window ['ʃɒp ˌwɪndəʊ] 50
la escavadora the digger ['dɪɡə] 54
la escayola the plaster cast ['plɑːstə ˌkɑːst] 46
la escoba the broom [bruːm] 54
escribir write [raɪt] 57
el escritorio the desk [desk] 43
escuchar listen ['lɪsn] 34
la escudilla the food bowl ['fuːd bəʊl] 49
el escúter the scooter ['skuːtə] 13
los espaguetis the spaghetti [spəˈɡetɪ] 41
la espalda the back [bæk] 47
el espejo the mirror ['mɪrə] 38
la esponja the sponge [spʌndʒ] 38
la espuma the foam [fəʊm] 39
los esquís the skis ['skiːs] 45
el establo the stable ['steɪbl] 37
la estación the station ['steɪʃn] 12
la estación de metro the underground station ['ʌndəɡraʊnd ˌsteɪʃn] 12
el estanque the pond [pɒnd] 45
la estantería the shelf [ʃelf] 52
la estatua the statue ['stætʃuː] 33
estornudar sneeze [sniːz] 44
la estrella the star [stɑː] 42
la estrella de mar the starfish ['stɑːfɪʃ] 20
el estuche the pencil case ['pensl ˌkeɪs] 57

61

F

la falda the skirt [skɜ:t] 28
la familia the family ['fæmlɪ] 7
el faro the lighthouse ['laɪthaʊs] 30
feliz happy ['hæpɪ] 35
feo ugly ['ʌglɪ] 53
las fichas the counters ['kaʊntəz] 11
la fiesta the celebration [ˌselə'breɪʃn] 10
la flauta the recorder [rɪ'kɔ:də] 50
la flor the flower ['flaʊə] 15
la foca the seal [si:l] 21
la foto the photo ['fəʊtəʊ] 34
fregar wash up [ˌwɒʃ 'ʌp] 25
la frente the forehead ['fɔ:hed] 57
la fresa the strawberry ['strɔ:bərɪ] 25
frío cold [kəʊld] 25
el frisbee® the frisbee® ['frɪzbɪ] 30
la fruta the fruit [fru:t] 22
la fuente the fountain ['faʊntɪn] 32
el fútbol football ['fʊtbɔ:l] 27

G

las gafas the glasses ['glɑ:sɪz] 29
las gafas de sol the sunglasses ['sʌnˌglɑ:sɪz] 31
la galleta the biscuit ['bɪskɪt] 45
la gallina the hen [ʜen] 36
el gallo the cock [kɒk] 36
el ganso the goose [gu:s] 36
el garaje the garage ['gærɑ:ʒ] 6
el gato the cat [kæt] 4
el gel de ducha the shower gel ['ʃaʊə ˌdʒel] 38
las gemelas the twins [twɪnz] 5
el gerbo the gerbil ['dʒɜ:bl] 48
el globo the balloon [bə'lu:n] 53
el globo (terrestre) the globe [gləʊb] 57
el gol the goal [gəʊl] 26
la goma the rubber ['rʌbə] 56
el gorila the gorilla [gə'rɪlə] 19
la gorra the cap [kæp] 32
el gorro the cap [kæp] 58
grande big [bɪg] 20
el granero the barn [bɑ:n] 37
la granjera the farmer ['fɑ:mə] 37
el granjero the farmer ['fɑ:mə] 37
el grifo the tap [tæp] 38
gris grey [greɪ] 16
la grúa the crane [kreɪn] 54
los guantes the gloves [glʌvz] 58
los guisantes the green peas [ˌgri:n 'pi:z] 23
la guitarra the guitar [gɪ'tɑ:] 44

H

la habitación the bedroom ['bedru:m] 6
la habitación de invitados the guest room [gest ru:m] 6
hablar talk [tɔ:k] 40
hacer surf surf [sɜ:f] 31
hacer una barbacoa barbecue ['bɑ:bɪkju:] 27

el hada the fairy ['feərɪ] 53
el hámster the hamster ['hæmstə] 49
la harina the flour ['flaʊə] 59
el helado the ice cream [ˌaɪs'kri:m] 30
el helicóptero the helicopter ['helɪkɒptə] 34
la hermana the sister ['sɪstə] 7
el hermano the brother ['brʌðə] 7
el héroe the hero ['hɪərəʊ] 53
el hielo the ice [aɪs] 58
la hierba the grass [grɑ:s] 14
el hipopótamo the hippo ['hɪpəʊ] 19
la hoja the leaf [li:f] 55
el hombre the man [mæn] 5
el hombro the shoulder ['ʃəʊldə] 47
la hormiga the ant [ænt] 44
la hormigonera the concrete mixer ['kɒnkri:t ˌmɪksə] 55
el horno the oven ['ʌvən] 24
el hotel the hotel [həʊ'tel] 31
el huevo the egg [ɛg] 16
el huevo de Pascua the Easter egg ['i:stə ˌeg] 16
los huevos revueltos the scrambled eggs [ˌskræmbld 'egz] 9

I

la iglesia the church [tʃɜ:tʃ] 33
la imagen the picture ['pɪktʃə] 57
el indio the Indian ['ɪndɪən] 52
el invierno the winter ['wɪntə] 58
la isla the island ['aɪlənd] 30

J

el jabón the soap [səʊp] 39
el jardín the garden ['gɑ:dn] 26
el jarrón the vase [vɑ:z] 43
la jaula the cage [keɪdʒ] 48
la jeringuilla the syringe [sɪ'rɪndʒ] 46
el jersey the pullover ['pʊlˌəʊvə] 29
la jirafa the giraffe [dʒə'rɑ:f] 19
el juego the board game ['bɔ:d geɪm] 11
el jugador de tenis the tennis player ['tenɪsˌpleɪə] 14
jugar play [pleɪ] 15
los juguetes the toys [tɔɪs] 50

K

el ketchup the ketchup ['ketʃʌp] 26
el koala the koala [kəʊ'ɑ:lə] 18

L

ladrar bark [bɑ:k] 48
la lagartija the lizard ['lɪzəd] 45
la lámpara the lamp [læmp] 42
la langosta the lobster [lɒbstə] 20
el lápiz the pencil ['pensl] 56
el lápiz de color the coloured pencil [ˌkʌləd 'pensl] 57

largo long [ɒŋ] 20
la lata the tin [tɪn] 22
el lavabo the sink [sɪŋk] 38
el lazo the bow [bəʊ] 10
la leche the milk [mɪlk] 9
la lechuga the lettuce ['letɪs] 22
leer read [ri:d] 31
la lengua the tongue [tʌŋ] 56
las lentejas the lentils ['lentɪlz] 22
lento slow [sləʊ] 32
el león the lion ['laɪən] 19
el leopardo the leopard ['lepəd] 19
la librería the bookshop ['bʊkʃɒp] 51
el libro the book [bʊk] 51
el limón the lemon ['lemən] 25
la limonada the lemonade [ˌlemə'neɪd] 44
limpiar clean [kli:n] 48
la linterna the torch [tɔ:tʃ] 43
llamar call [kɔ:l] 9
lleno full [fʊl] 32
llorar cry [kraɪ] 24
la lluvia the rain [reɪn] 55
la lombriz the worm [wɜ:m] 45
el loro the parrot ['pærət] 49
la luna the moon [mu:n] 42

M

la macedonia the fruit salad ['fru:t ˌsæləd] 24
la maestra the teacher ['ti:tʃə] 21
el mago the magician [mə'dʒɪʃn] 53
el maíz the sweetcorn ['swi:tkɔ:n] 26
mal bad [bæd] 53
la maleta the suitcase ['su:tkeɪs] 29
la mamá mum [mʌm] 7
el mando a distancia the remote control [rɪˌməʊt kən'trəʊl] 42
la manguera the hose [həʊz] 26
la mano the hand [hænd] 47
la manta the blanket ['blæŋkɪt] 43
el mantel the tablecloth ['teɪblklɒθ] 41
la mantequilla the butter ['bʌtə] 8
la manzana the apple ['æpl] 45
la maquinilla de afeitar the shaver ['ʃeɪvə] 39
el mar the sea [si:] 31
el marco the picture frame ['pɪktʃə ˌfreɪm] 57
la marioneta the glove puppet ['glʌv ˌpʌpɪt] 10
la mariposa the butterfly ['bʌtəflaɪ] 15
la mariquita the ladybird [leɪdɪˌbɜ:d] 14
marrón brown [braʊn] 16
maullar miaow [mi:'aʊ] 49
el mecánico the mechanic [mɪ'kænɪk] 34
la media the stocking ['stɒkɪŋ] 59
la medusa the jellyfish ['dʒelɪfɪʃ] 20
la mejilla the cheek [tʃi:k] 57
el melocotón the peach [pi:tʃ] 23
el melón the melon ['melən] 22
la mermelada the jam [dʒæm] 8
la mesa the table ['teɪbl] 6
la mesa (de comedor) the dining table ['daɪnɪŋ ˌteɪbl] 6
la mesita de noche the bedside table [ˌbedsaɪd 'teɪbl] 43

el metro the underground train [ˌʌndəɡraʊnd ˌtreɪn] 12
el microondas the microwave [ˈmaɪkrəweɪv] 24
la miel the honey [ˈhʌnɪ] 9
la mochila the rucksack [ˈrʌksæk] 29
la moneda the coin [kɔɪn] 51
el monedero the purse [pɜːs] 50
el mono the monkey [ˈmʌŋkɪ] 19
el monopatín the skateboard [ˈskeɪtbɔːd] 26
el monstruo the monster [ˈmɒnstə] 52
la montaña the mountain [ˈmaʊntɪn] 33
montar (a caballo) ride [raɪd] 37
morado purple [ˈpɜːpl] 17
la morsa the walrus [ˈwɔːlrəs] 21
la mosca the fly [flaɪ] 37
la mostaza the mustard [ˈmʌstəd] 27
la moto the motorbike [ˈməʊtəbaɪk] 13
el móvil the mobile phone [ˌməʊbaɪl ˈfəʊn] 59
mucho a lot of [ə ˈlɒt ɒv] 10
la mujer the woman [ˈwʊmən] 5
las muletas the crutches [ˈkrʌtʃɪz] 47
la muñeca the doll [dɒl] 50
el muñeco de nieve the snowman [ˈsnəʊmæn] 58
el murciélago the bat [bæt] 42
el muro the wall [wɔːl] 44

N

nadar swim [swɪm] 30
naranja orange [ˈɒrɪndʒ] 17
la naranja the orange [ˈɒrɪndʒ] 8
la nariz the nose [nəʊz] 57
la nata the cream [kriːm] 23
la nave espacial the spaceship [ˈspeɪsʃɪp] 11
negro black [blæk] 17
la nevera the fridge [frɪdʒ] 25
el nido the nest [nest] 45
la nieve the snow [snəʊ] 58
la niña the child [tʃaɪld] 5
la nube the cloud [klaʊd] 44
la nuez the nut [nʌt] 44

O

el obrero the workman [ˈwɜːkmən] 54
la oficina the office [ˈɒfɪs] 7
la oficina de Correos the post office [ˈpəʊst ˌɒfɪs] 13
el ojo the eye [aɪ] 57
la ola the wave [weɪv] 30
oler smell [smel] 15
la olla the pot [pɒt] 24
el ombligo the tummy button [ˈtʌmɪ ˌbʌtn] 46
el ordenador the computer [kəmˈpjuːtə] 34
la oreja the ear [ɪə] 57
el osito the teddy [ˈtedɪ] 10
el oso the bear [beə] 19
el oso polar the polar bear [ˌpəʊlə ˈbeə] 19
el otoño the autumn [ˈɔːtəm] 55
la oveja the sheep [ʃiːp] 37

P

los padres the parents [ˈpeərənts] 7
el pájaro the bird [bɜːd] 45
la pala the spade [speɪd] 14
la palmera the palm tree [ˈpɑːm triː] 32
la paloma the pigeon [ˈpɪdʒən] 45
el pan the bread [bred] 8
la panadería the bakery [ˈbeɪkərɪ] 4
el panadero the baker [ˈbeɪkə] 4
los pantalones the trousers [ˈtraʊzəz] 29
los pantalones cortos the shorts [ʃɔːts] 28
las pantuflas the slippers [ˈslɪpəz] 28
el pañuelo the scarf [skɑːf] 41
el papá dad [dæd] 7
Papá Noel Father Christmas [ˌfɑːðə ˈkrɪsməs] 59
el papel the paper [ˈpeɪpə] 56
el papel higiénico the toilet paper [ˈtɔɪlət ˌpeɪpə] 39
la papelera the rubbish bin [ˈrʌbɪʃ ˌbɪn] 4
la parada de autobús the bus stop [ˈbʌs stɒp] 13
el paraguas the umbrella [ʌmˈbrelə] 54
la pared the wall [wɔːl] 11
Pascua Easter [ˈiːstə] 16
la pasta the pasta [ˈpæstə] 23
la pasta de dientes the toothpaste [ˈtuːθpeɪst] 39
el pastel the cake [keɪk] 45
la pata the paw [pɔː] 48
la patata the potato [pəˈteɪtəʊ] 23
las patatas fritas the chips [tʃɪps] 41
las patatas fritas (de bolsa) the crisps [krɪsps] 22
patinar sobre hielo ice-skating [ˈaɪsˌskeɪtɪŋ] 59
los patines the in-line skates [ɪnlaɪn ˈskeɪts] 26
el pato the duck [dʌk] 36
el pavo the turkey [ˈtɜːkɪ] 36
el pavo real the peacock [ˈpiːkɒk] 48
el payaso the clown [klaʊn] 53
el pecho the chest [tʃest] 47
el peine the comb [kəʊm] 39
el pelo the fur [fɜː] 48
el pelo the hair [heə] 56
la pelota the ball [bɔːl] 27
el peluche the soft toy [ˌsɒft ˈtɔɪ] 51
la peluquera the hairdresser [ˈheəˌdresə] 12
el peluquero the hairdresser's [ˈheəˌdresəz] 13
los pendientes the earrings [ˈɪərɪŋz] 38
pequeño small [smɔːl] 20
la pera the pear [peə] 45
el perchero the coat stand [ˈkəʊt stænd] 42
el perfume the perfume [ˈpɜːfjuːm] 38
la perla the pearl [ɜːl] 21
el perro the dog [dɒɡ] 4
el pez the fish [fɪʃ] 21
el pez espada the swordfish [ˈsɔːdfɪʃ] 21
el pianista the piano player [pɪˈænəʊ ˌpleɪə] 41
el piano the piano [pɪˈænəʊ] 41
el pie the foot [fʊt] 47

la piedra the stone [stəʊn] 37
el pienso the pet food [ˈpet fuːd] 49
la pierna the leg [leɡ] 47
el pijama the pyjamas [pəˈdʒɑːməs] 29
el piloto the pilot [ˈpaɪlət] 34
la pimienta the pepper [ˈpepə] 40
el pimiento the pepper [ˈpepə] 22
el pingüino the penguin [ˈpeŋɡwɪn] 18
pintar paint [peɪnt] 56
la piña the pineapple [ˈpaɪnæpl] 24
el pirata the pirate [ˈpaɪrət] 52
la piruleta the lollipop [ˈlɒlɪpɒp] 11
la piscina the swimming pool [ˈswɪmɪŋ ˌpuːl] 27
el piso the flat [flæt] 4
la pizza the pizza [ˈpiːtsə] 40
el plátano the banana [bəˈnɑːnə] 24
el plato the plate [pleɪt] 8
el plato hondo the soup bowl [ˈsuːp bəʊl] 41
la playa the beach [biːtʃ] 31
la pluma the feather [ˈfeðə] 48
poco a few [ə fjuː] 10
la policía the police officer [pəˈliːs ˌɒfɪsə] 34
el pollo the chicken [ˈtʃɪkɪn] 22
el polluelo the chick [tʃɪk] 36
la postal the postcard [ˈpəʊstkɑːd] 28
el póster the poster [ˈpəʊstə] 11
el postre the dessert [dɪˈzɜːt] 40
el potro the foal [fəʊl] 36
el prado the meadow [ˈmedəʊ] 45
el precio the price [praɪs] 51
preguntar ask [ɑːsk] 35
la prima the cousin [ˈkʌzn] 7
la primavera the spring [sprɪŋ] 17
el primo the cousin [ˈkʌzn] 7
la princesa the princess [prɪnˈses] 53
el pudín de Navidad the Christmas pudding [ˈkrɪsməs ˌpʊdɪŋ] 58
el puente the bridge [brɪdʒ] 32
la puerta the door [dɔː] 4
el puesto de helados the ice-cream van [ˈaɪskriːm ˌvæn] 31
el pulpo the octopus [ˈɒktəpəs] 20
la pulsera the bracelet [ˈbreɪslət] 39
el puré de patatas the mashed potatoes [ˌmæʃt pəˈteɪtəʊz] 25
el *puzzle* the puzzle [ˈpʌzl] 11

Q

quemar(se) burn [bɜːn] 24
el queso the cheese [tʃiːz] 9
el quiosco the newsagent's [ˈnjuːzˌeɪdʒənts] 4

R

la radio the radio [ˈreɪdɪəʊ] 59
la raíz the root [ruːt] 54
la rama the branch [brɑːntʃ] 54
el ramo de flores the bunch of flowers [ˌbʌntʃ əv ˈflaʊəz] 35
la rana the frog [frɒɡ] 36
rápido fast [fɑːst] 32

el ratón the mouse [maʊs] 35, 36
la raya the stingray [ˈstɪŋreɪ] 21
el rayo the lightning [ˈlaɪtnɪŋ] 55
el recibidor the hall [hɔːl] 6
recibir get [get] 11
regalar give [gɪv] 11
el regalo the present [ˈpreznt] 10
la regla the ruler [ˈruːlə] 56
la reina the queen [kwiːn] 53
reír(se) laugh [lɑːf] 35
el reloj the clock [klɒk] 8
el reloj (de pulsera) the watch [wɒtʃ] 54
el reno the reindeer [ˈreɪndɪə] 59
el reproductor de DVD the DVD player [ˌdiːviːˈdiː ˌpleɪə] 42
el reproductor de MP3 the MP3 player [ˌempiːˈθriː ˈpleɪə] 34
responder answer [ˈɑːnsə] 35
el restaurante the restaurant [ˈrestərɒnt] 32
el rey the king [kɪŋ] 53
el rinoceronte the rhino [ˈraɪnəʊ] 18
el río the river [ˈrɪvə] 33
la rodilla the knee [niː] 47
rojo red [red] 16
rosa pink [pɪŋk] 17
roto broken [ˈbrəʊkən] 24
la rueda the cartwheel [ˈkɑːtwiːl] 44
la rueda de hámster the hamster wheel [ˈhæmstə ˌwiːl] 49

S

saber taste [teɪst] 8
el sacapuntas the pencil-sharpener [ˈpenslʃɑːpnə] 56
sacar fotos take photographs [ˌteɪk ˈfəʊtəgrɑːfs] 33
sacar una radiografía x-ray [ˈeksreɪ] 47
la sal the salt [sɔːlt] 40
la salchicha the sausage [ˈsɒsɪdʒ] 27
la salida the exit [ˈeksɪt] 18
el salón the living room [ˈlɪvɪŋ ˌruːm] 6
saltar jump [dʒʌmp] 14
saltar la comba skip [skɪp] 14
las sandalias the sandals [ˈsændlz] 28
la sandía the watermelon [ˈwɔːtəˌmelən] 22
el sándwich the sandwich [ˈsænwɪdʒ] 45
sano healthy [ˈhelθɪ] 46
la sartén the pan [pæn] 24
el secador de pelo the hairdryer [ˈheəˌdraɪə] 38
el semáforo the traffic lights [ˈtræfɪk ˌlaɪts] 12
la señal (de tráfico) the road sign [ˈrəʊd saɪn] 12
señalar show [ʃəʊ] 17
la serpiente the snake [sneɪk] 18
la seta the mushroom [ˈmʌʃrʊm] 15
la silla the chair [tʃeə] 9
la silla de ruedas the wheelchair [ˈwiːltʃeə] 5
el sillón the armchair [ˈɑːmtʃeə] 43
la sirena the mermaid [ˈmɜːmeɪd] 53
el socorrista the lifeguard [ˈlaɪfgɑːd] 31
el sofá the sofa [ˈsəʊfə] 43
el sol the sun [ʃʌn] 26

la sombra the shadow [ˈʃædəʊ] 42
el sombrero the hat [hæt] 55
sonreír smile [smaɪl] 35
la sopa the soup [suːp] 41
el sótano the basement [ˈbeɪsmənt] 7
el suelo the floor [flɔː] 11
el supermercado the supermarket [ˈsuːpəˌmɑːkɪt] 4

T

la tabla de nieve the snowboard [ˈsnəʊbɔːd] 58
la tabla de surf the surfboard [ˈsɜːfbɔːd] 30
el tambor the drum [drʌm] 51
la tarta the cake [keɪk] 10
el taxi the taxi [ˈtæksɪ] 5
la taza the cup [kʌp] 8
el té the tea [tiː] 8
el tebeo the comic [ˈkɒmɪk] 51
el techo the ceiling [ˈsiːlɪŋ] 11
el teclado the keyboard [ˈkiːbɔːd] 34
el tejado the roof [ruːf] 5
la telaraña the spider's web [ˈspaɪdəz ˌweb] 54
la tele the television [ˈtelɪˌvɪʒn] 43
el teléfono the telephone [ˈtelɪfəʊn] 42
el teléfono móvil the mobile phone [ˌməʊbaɪl ˈfəʊn] 59
el tenedor the fork [fɔːk] 9
tener miedo be scared [biː ˈskeəd] 42
el tenis tennis [ˈtenɪs] 15
el ternero the calf [kɑːf] 37
la tía the aunt [ɑːnt] 7
el tiburón the shark [ʃɑːk] 20
la tienda the shop [ʃɒp] 51
la tierra the earth [ɜːθ] 44
el tigre the tiger [ˈtaɪgə] 19
las tijeras the scissors [ˈsɪzəz] 56
el timbre the bell [bel] 27
el tío the uncle [ˈʌŋkl] 7
tirar throw [θrəʊ] 26
el títere the puppet [ˈpʌpɪt] 50
la tiza the chalk [tʃɔːk] 17
la toalla the towel [ˈtaʊəl] 38
el tobogán the slide [slaɪd] 14
tomar take [teɪk] 49
el tomate the tomato [təˈmɑːtəʊ] 23
la tormenta the storm [stɔːm] 54
el toro the bull [bʊl] 37
el toro mecánico the forklift truck [ˌfɔːklɪft ˈtrʌk] 55
la tortuga the turtle [ˈtɜːtl] 21
toser cough [kɒf] 47
la tostadora the toaster [ˈtəʊstə] 8
el tractor the tractor [ˈtræktə] 36
el traje the suit [suːt] 41
el trasero the bottom [ˈbɒtəm] 46
el tren the train [treɪn] 13
la trenza the plait [plæt] 39
el trineo the sledge [sledʒ] 58
la tripa the tummy [ˈtʌmɪ] 46
triste sad [sæd] 35
la tumbona the sun lounger [ˈsʌn ˌlaʊndʒə] 26

el túnel the tunnel [ˈtʌnl] 33
turquesa turquoise [ˈtɜːkwɔɪz] 17

U

la uva the grape [greɪp] 25

V

la vaca the cow [kaʊ] 37
vacío empty [ˈemptɪ] 32
el vagón the carriage [ˈkærɪdʒ] 12
la valla the fence [fens] 4
el vaquero the cowboy [ˈkaʊbɔɪ] 52
los vaqueros the jeans [dʒiːnz] 28
el vaso the glass [glɑːs] 9
el vaso the mug [mʌg] 27
la vela the candle [ˈkændl] 11
el velero the yacht [jɒt] 30
el vendaje the bandage [ˈbændɪdʒ] 47
la ventana the window [ˈwɪndəʊ] 4
ver see [siː] 40
el verano the summer [ˈsʌmə] 32
verde green [griːn] 16
la verdulería the greengrocer's [ˈgriːnˌgrəʊsəz] 13
la verdura the vegetables [ˈvedʒtəblz] 23
el vestido the dress [dres] 28
las vías the tracks [træks] 13
el videojuego the computer game [kəmˈpjuːtə ˌgeɪm] 51
el viento the wind [wɪnd] 44
la vikinga the viking [ˈvaɪkɪŋ] 52
volar fly [flaɪ] 19
la voltereta the somersault [ˈsʌməˌsɔːlt] 44

X

el xilófono the xylophone [ˈzaɪləfəʊn] 52
el yogur the yoghurt [ˈjɒgət] 8

Z

la zanahoria the carrot [ˈkærət] 24
las zapatillas deportivas the trainers [ˈtreɪnəz] 29
los zapatos the shoes [ʃuːz] 29
el zorro the fox [fɒks] 44
el zumo the juice [dʒuːs] 8